早稲田教育ブックレット No. 23

「片隅の世界」から
つむがれる教育と研究

表紙図：『この世界の片隅に』（ⓒこうの史代／双葉社）

はじめに

年度当初のことでした。本学術院の教育総合研究所運営委員会で所長の町田守弘先生から、「菊地先生、今年度実施する企画は何かございませんでしょうか…。」と柔和なご表情で優しいお言葉かけがございました。ついつい、「はい」と応答し提案させていただいたのが、このブックレットの企画「『片隅の世界』からつむがれる教育と研究」です。企画書には、以下の雑文が設定趣旨として書かれています。

現代において、「片隅の世界」（敬意をもって慈しむべき原初的な関係性がつむがれる場）を見えにくくし消し去るのは一体何なのか。暫定的な結論を先取りすると、「わかったつもりになること」で覆い隠される思考の病であり、線型思想の到達点から他者を裁く思考の習慣…そして、その帰結として生み出される諸制度や通念ではないだろうか。戦争や差別や障がいや貧困（通時的にも共時的にもだれも切り離して生きられないはずの「共にすべき出来事」の典型的な事象）は、特定のイデオロギーを正統化する「空中戦」の道具でも、温情主義的ヒューマニズムの対象でもない。これらをめぐる知識人的慢心と大衆的無関心は、表裏をなしているように思えてならない。社会科学としての教育研究もまた、これと類似の構造的な限界に直面している。趣味的研究ができない状況が学問の危機ではなく、こうしたことに迫り切れないことこそが根本問題なのである。…（中略）…教育（研究）が社会、とりわけ経済社会の単なる道具となり、社会のしんどさを覆い隠し個人化する風潮を助長したり隠蔽したりすることから距離を取るにはどうすればよいのか、そして、研究によってつかまえた

「世界」をどのように描きどのように社会に返していけばよいのか、この2点について考えてみたい。手がかりとして、漫画、ドキュメンタリー映画、文化人類学、不思議な高校…を通して議論を深める。この一見無関係にも見える営みをつなぐ遠回りの場づくりは、急ぎがちな近代教育を問い直す試みでもある。

当日は、午前中の『えんとこの歌』（伊勢真一監督作品、二〇一九年）の上映会に引き続き、講演会・シンポジウムが開催されました。『この世界の片隅に』（こうの史代作品）に示唆を得た提案者の「前座」を受けて、稀代のドキュメンタリー監督の伊勢真一さんが『えんとこの歌』を制作される中から浮かび上がってきたメッセージをお話しくださいました。映画の最後の場面に重ねながら、「社会の浮力」を上げていくということの意味を問いかけてくださいました。文化人類学者の松嶋健さんは、精神病院を廃絶したイタリアや『この世界の片隅に』の描かれ方ににじむ人間観をベースにしつつ、人類という大きな視点でみた「人間する」ことの意義を語ってくださいました。最後に、大阪府立松原高等学校校長の平野智之さんは、「松高」の実践の根っこの考え方を解読されながら、生徒が主体として生きることを支えていくことで「片隅の世界」がはぐくまれる現実と可能性を具体的・説得的にお話しくださいました。

年の瀬の終日イベントにもかかわらず、のべ八十名近いみなさまが会場に足をお運びくださいました。お寄せいただいたたくさんの感想からも、私たちの思いを丁寧に受け止めていただき、一人ひとりの中での「化学変化」につながったことがうかがえました。企画者にとってはこれ以上の喜びはございません。充実した企画になりましたのも、ご講演をお引き受けいただいたお三方および教育総合研究所など関係者のみなさまのご教示とお力添えの賜物であると認識いたしております。心より御礼申し上げます。あわせて、『この世界の片隅に』のカットの使用を許諾くださった双葉社、そして、こうの史代氏にもこの場を借りて感謝申し上げます。

二〇二〇年一月吉日

菊地　栄治

〔追記〕伊勢真一監督作品『えんとこの歌　寝たきり詩人・遠藤滋』は、第七四回毎日映画コンクールでドキュメンタリー映画賞を受賞しました（二〇二〇年一月二二日発表）。『奈緒ちゃん』に続いて二度目の受賞、おめでとうございます。

基調提案：『この世界の片隅に』から見えてきたこと

菊地　栄治

こんにちは。ご来場いただきまして、ありがとうございます。本日の企画、「『片隅の世界』からつむがれる教育と研究」のきっかけとなった『この世界の片隅に』の映画をご覧になった方は、どのくらいいらっしゃいますか。（ほとんどの方が挙手されるのをみて）ここの人たちはすごく偏っていますよ、皆さん大丈夫ですか（笑）。私の役目は「基調提案」となっておりますが、実際にはこれから紹介させていただくお三方の「前座」です。

『この世界の片隅に』でイメージできる映画界の方…と考えて真っ先に浮かんだのが伊勢真一監督でした。「世界の片隅」をとことん大切にする映画監督です。「『共に生きる』方向で」というお話をお願いしましたが、監督さんはいせフィルムのホームページで素敵なつぶやきを毎月書かれています。大切なことをふと思い出させてくれる監督さんです。

お二方目は松嶋健さんです。（一般財団法人）教育文化総合研究所でのご縁です。松嶋さんの『プシコ　ナウティカ』は稀有な秀作です。学術書を読んでも残念ながら感動するものになかなか出遇いませんが、この本は学術書なのに感動するという不思議な作品です。気鋭の文化人類学者が広島から駆けつけてくださいました。

お三方目は平野智之さんです。私が一九九六年から二十三年間応援し続けている大阪府立松原高等学校というまさに「片隅の世界」を地で行く高校の中心的なメンバーとして、ずっと学校づくりにかかわってこられました。今は校長先生として、最後のお務めを果たされています。最新の実践を含めて、生徒たちの可能性に気づかせてくれる試みをご紹介くださいます。

早速ですが、前座を始めたいと思います。私には、現代日本がこれまでとは質的に異なる危機的状況に陥っているという認識があります。いたずらに危機をあおっているわけではなくて、本当に根深くて難儀な状況に苛まれています。しかもその状況を生みだすことに、私自身も加担しているのではないかという反省があります。居場所、すなわち「存在承認の場」(＝無条件でそこにいていいと思える場所)がどんどん削られていることと軌を一にしている現象です。人間がいともたやすくモノ化されていると言い換えてもよいかもしれません。

これは、「もう一回遠藤さんのところへ行ってみよう」と伊勢さんが『えんとこの歌』を撮影することを思い立つきっかけになった相模原事件にも通じます。最近では、ＳＮＳを通して未成年が誘拐される事件も相次いでいますが、両者には共通点があります。つまり、社会の代わりに「裁き」や「救い」を与える立場に身を置くことによって加害者自身が歪んだ自己承認を欲するということです。こうすることで、犯罪行為を免罪する特権的な意識を抱いているという共通点があります。「社会が求めているからやっている」という加害者なりの「正義」(＝正当化)があるのです。「社会のためにやった」といういびつな犯罪という点で本当に奇妙です。社会の名の下に、あるいは社会の正義の名の下にそういうことを犯してしまうという点が不可解、かつ、危うい現象です。「社会的弱者が社会的弱者を殺める」という構造も今日的な現象ではないでしょうか。ここには、「権力の代理人」のような発想が見え隠れします。背景には、国家と個人の間の関係性そのものを倒錯して捉える風潮があります。「個人が国家をつくり、自分たちが権力を監視する」といった関係性ではなくて、「国家が個人を統制している、あるいは個人同士を監視させている」といった非常に危うい社会の投影として事件を読み解く必要があります。根っこには市場原理の浸透があります。人間さえも市場原理の中に置かれ、強い個人でないと生きている価値がないという目線が社会にあふれています。これは能力主義や優生思想ともつながっています。加えて、「わかったつもりになってしまう危うさ」があります。これも今の社会の深刻な闇の部分です。これを助長しているのが、問いを奪ってしまうさまざまなツールの存在です。たとえば、ネット社会はその典型です。情報があふれ返っていて、本当の意味で自分がじっくりと向き合うべき問いを不問に付すような力が知らず知らずのうちに働いているのです。

こんな社会で、教育と研究はこのままで大丈夫なのかという疑問が頭をもたげます。日本は、人類史上稀に見る長いデフレ期に入り、多額の債務を抱えてPB（プライマリーバランス）の健全化という誤った目標へと人々を追い立てています。自己責任の名のもと「個人が頑張れ！」というプレッシャーが増しています。いわゆる「個人化」です。この傾向が助長されることで、今度は他者化が発動します。ヘイトスピーチなどはその典型ですが、「私とは違う人たち」という形で、他者をカテゴライズし排除していきます。

他方、教師はどうかというと不可逆的な多忙化に苛まれて、対話的な関係を失いつつあります。教師自身が思考停止に陥っていくのです。能力主義の浸透は、特別支援学級の急増にも明らかです。昔だったら一緒に学んでいた人たちが特別な学級に入れられて、「違う人たち」として功利主義的な見方によって包摂されつつ排除されます。あるいは、学力テストへの熱病によって、史上最高の不登校発生率をもたらしています。一方においては個別のニーズに対応するための教育ばかりが充実させられ、社会の厚みはどんどん削られています。

教育研究はどうでしょうか？　年々専門分野ごとに細分化され個別の領域は発展してきましたが、果たして教育研究自体が社会全体のありようを問い直すような研究の成果を還元できたかというと心細い限りです。例えば浜田寿美男さんという発達研究者がいます。発達研究を進めながら、「発達研究が進むほど子どもが生きにくくなるのはなぜか？」という疑問にぶつかります。かれの指摘から二〇年以上経っていますが、事態はますます深刻になっています。学力研究や評価研究や授業研究などが熱心に展開されてきましたが、社会や教育の難題に本当に向き合っているのか疑問を抱くようになりました。そんなとき、ある映画に出遇いました。『この世界の片隅に』（こうの史代作：片渕須直監督）です。

取り扱われているのは、戦争という難題です。遠い世界の話になりがちなテーマですが、不思議なことに自分のいまとの重ね合わせができる映画です。なぜそれが可能になのかというと、やはり非常に丁寧に日常を描いていることが大きいです。ドキュメンタリー映画とは違った意味でチャレンジングだと思いました。丁寧な時代考証にも驚かされます。戦争漫画であるにもかかわらず、日常の生活が淡々と描かれ、はじめの三分の二か半分くらいは日々の何気ない日常を描いています。こうのさん自身もこれを「戦争もの」だと呼んでいますが、あえて日常を丁寧に描くところから始めているところがとてもおもしろいなぁと思いました。いつくしむべき日常を破壊する不条理な暴力として、戦争が突然やってくるわけです。日常を丁寧に描いているからこそ、戦争が自分に近いところに感じられる、こういう仕掛けが特筆されます。教育もそうですが、伝えようとするほどに遠くなるというジレンマがあります。教育研究はなおさら時間的にも遅れる営みであり、リアリティからどんどんずれていきます。だから逆に専門性にこもってしまいがちなのです。人間や社会への無関心が自分を守る最後の砦みたいになってしまい、教育研究はますます無力化していきます。

『この世界の片隅に』にはいくつかのヒントがあります。一つ目は、正義についてのシーンです。「この国から正義が飛び去ってゆく」という心の中の言葉を背景に、「暴力で従えとったたということか」、「じゃけえ暴力に屈するいう事かね」、「それがこの国の正体かね、うちも知らんまま死にたかったな」とすずさんの心の底からの言葉が語られます。その合間のカットに韓国の旗が揚がってはためいています。国家が定める「正義」に翻弄され、韓国の人々もまた国家が規定した「正統な国旗」につき従わされていくわけです。じつは多様だった旗の模様が一元化されるのは象徴的な出来事です。これは「一九六八年問題」と言われるものにもつながります。一九六八年は、チェコの動乱や中国の文化大革命など、つまり社会主義が正しいと思われていたけれども、大勢の罪なき市民が殺されるという出来事が相次いで起こった特別な年なのです。「世界の片隅」を慈しむことを蹂躙する正義とは何だったのかを自分のこととして決着させるという課題を人類はいまなお解決できていません。

二つ目の示唆は、『この世界の片隅に』の「片隅の世界」です。この作品の重要なテーマは「居場所」です。たとえば、主人公の北條（旧姓浦野）すずさんの呉の嫁ぎ先の小姑の径子さんとの関係性の変化が典型的かもしれません。夫と死別して嫁ぎ先から娘の晴美さんと実家に出戻ってきたのですが、戦禍が深まる中を外出しすずさんが右手に晴美さんを伴っていたとき、敵機の落とした時限爆弾が爆発して晴美さんが亡くなります。すずさんの右手ごと吹き飛ばされる残酷なシーンです。わが子を失った悲しみと怒りに動揺する中、やがて関係性が修復され受け容れられる様子が丁寧に描かれます。広島に原爆が投下される直前に、「すずさんがイヤんならん限り、すずさんの居場所はここじゃ」、「くだらん気がねなぞせんと自分で決め」と…。もうひとつは、ラスト近くの印象的なシーンですが、お母さんを原爆で亡くした戦災孤児の女の子が、右手が吹き飛んでしまったお母さんを思い出し、同じように右手を失っているすずさんに近づいてくるシーンです。「あんた、よう広島で生きとってくんさったね」と引き取っていく場面です**（図1）**。ある種、居場所の連鎖というか、居場所が固定されずにつながっていくという「救い」がここにあります。

三つ目の特筆すべき点は、作品が映画とメディアを通して拡がっていくプロセスです。構想も含めて七年くらいかけてつくられていますが、それに対してクラウドファンディングで共感した市井の人々がお金を出し合って、配給会社を見つける支えになったといいます。誰かが設定した

図１　こうの史代『この世界の片隅に（下）』双葉社，2009年，148-149頁

（次頁に続く）

㊟戦災や占領軍への提供による車両不足と燃料不足で、当時の鉄道は大変な混雑でした。
あんた…
よう広島で生きとってくれんさったね
どこにでも宿る愛
変はりゆくこの世界の
くれー
くれー
……くれ？
あちこちに宿る切れ〱のわたしの愛
ほうよここが呉
㊟三角兵舎／戦災に備えて海軍が考案した応急住宅。建築技術を持たない水兵でも組立て可能で、数千戸が建築・供給されました。
ほらご覧
いま其れも貴方の一部になる
例へばこんな風に
……………？
ありゃ三角兵舎じゃ
そういや広島じゃ見んかったのう

ゴールに邁進するのではなく、作品を通して人々が出遇い、それぞれの居場所が生まれて意味が拡がっていくプロセスが示唆的です。

これらの特徴はそれぞれ教育と研究を問い直す視点を提供していると考えるのですが、端的に表現してくれたことばがあります。大林宣彦監督の長女の大林千茱萸《ちぐみ》さんは、ＮＨＫの『クローズアップ現代』という番組の中でこのように言っています。「みんなが他人事じゃなくて、この映画を自分事として観られたんだな」と、「片隅を丁寧に描くことで中心が見えてくるというこのやり方が、皆さんの共感につながったのではないかと思います」と簡明に表現しています。自分にとって大切なこと、人にとって大切なこと、社会にとって大切なことをうまく重ね合わせていって、居場所が連鎖していくことが、『この世界の片隅に』の一つのメッセージではないかと思います。そしてそれが研究者から遠くなりがちな戦争や貧困、生きにくさ等への迫り方を示してくれているように思います。「他人事⇒自分事」が教育と研究にとっての根源的課題として浮かび上がってくるのです。

若干長くなりましたが、問題提起のための前座とさせていただきます。

伊勢真一監督トーク

菊地：実は伊勢さんの映画の上映会をさせていただいたのは二回目になります。前に国立教育研究所（文科省所轄の研究機関）で、前作の『えんとこ』の上映会をさせていただきました。あの頃から振り返って、この二十年はいかがでしたか。どのような変化を経て、『えんとこの歌』をつくろうと思われたのでしょうか。

伊勢：「一人では心細いから菊地さんに」と言ったのですが、そういう難しいことを聞かれるから……。

菊地：下手くそですみません。

伊勢：いいえ。何が変わって何が変わらなかったのかは、しきりに考えます。

『えんとこ』は二十年前に完成して上映されています。ですから撮影したのはもう少し前です。昨年完成させた映画『やさしくなあに』は、僕が最初につくった長編『奈緒ちゃん』の三十五年の記録です。

ともかく、十年、二十年、三十年、人によってはもっと短い時間でもそういうことがあると思いますが、一種の、僕たちの言葉で言う定点撮影で、実際に撮影の仕方というか撮り方も、行ったら同じ場所から必ず一度は撮るようなことをしながらそれを積み重ねていくと、当然のことながら変わっていきます。こちら側がいろいろなドラマをつくらなくても、実際に流れている時間そのものがドラマとして観てもらうことができます。ドキュメントでの一番大きな力は、やはり時間だと思います。時間が語り掛けてくれます。こちら側が動き過ぎると、逆に見えにくくなります。

今のマスメディアにはそのような傾向があると思います。しきりに動き続けるというか、その時間軸に合わせて、昨日まで言っていた話題が終わると次の話題ともう二日か三日くらいで動いていきます。そうしないとその情報の商品が売れないのか、そのように思い込んでいるのか、受け取る方もどんどん慣れていきます。

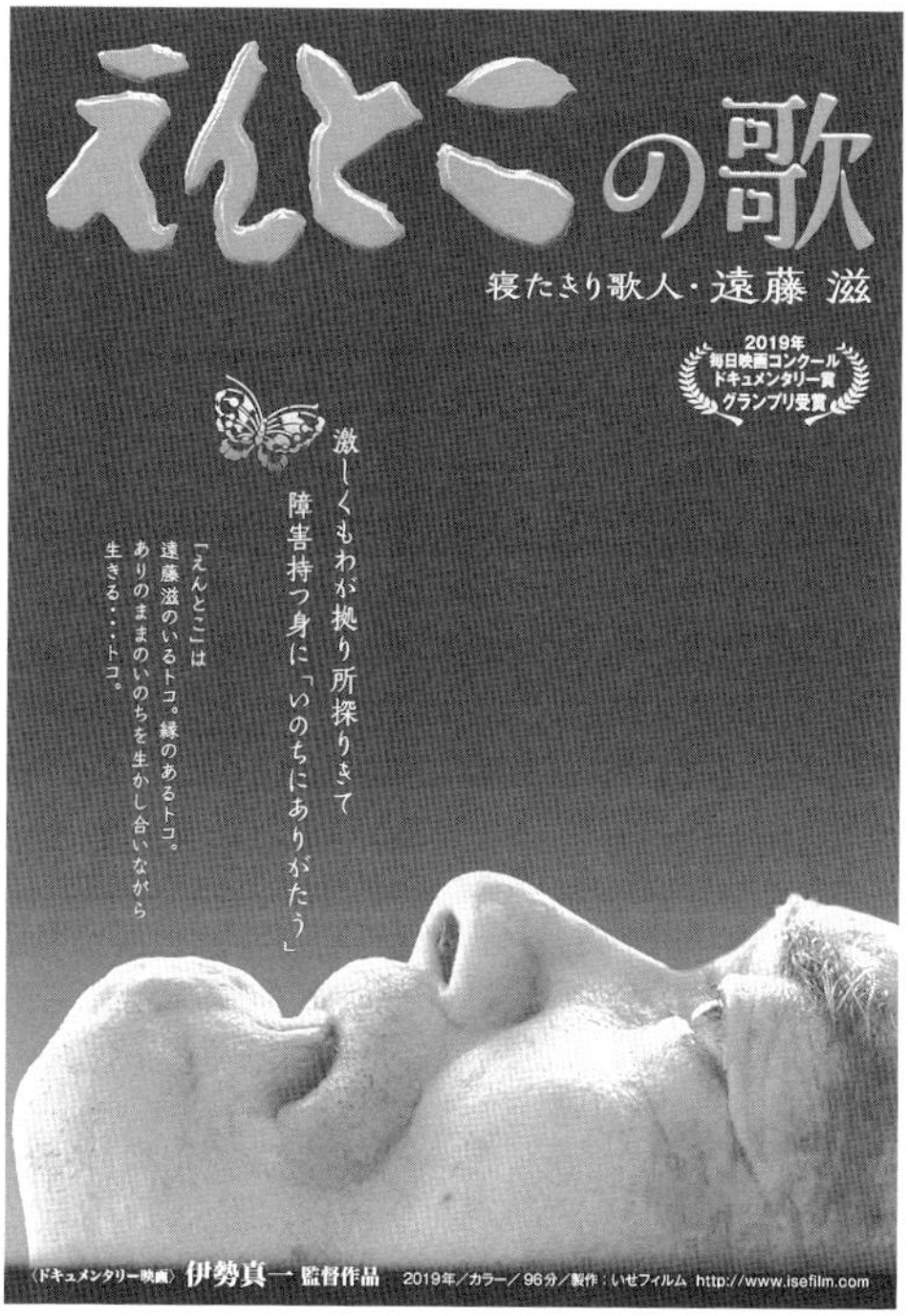
えんとこの歌
寝たきり歌人・遠藤 滋
2019年 毎日映画コンクール ドキュメンタリー賞 グランプリ受賞
激しくもわが拠り所探りきて
障害持つ身に「いのちにありがとう」
「えんとこ」は
遠藤滋のいるトコ。縁のあるトコ。
ありのままのいのちを生かし合いながら
生きる・・・トコ。
〈ドキュメンタリー映画〉伊勢真一 監督作品　2019年／カラー／96分／製作：いせフィルム　http://www.isefilm.com

僕は実は『この世界の片隅に』を見ていません。今日、菊地さんのを見て「そうか、なかなかよさそうな映画だな」と思いました。自分が映画をつくっているから、正直に言うと何かしゃくに触るというのがあります。僕の映画は地方のミニシア

ターを回ったり自主上映が中心ですが、地方のミニシアターを回ると、例えば『この世界の片隅に』もそうですし、アニメーションでは『君の名は』など、ちょうど同じ時代に自分の映画もかかっていました。

菊地さんから「今回の集まりはサッカーのチームくらい集まるととてもうれしい」というメールが来たので、僕は「いやいや、そう謙虚にならずに、ラグビーのチームくらい集めましょう」と言ったら、ラグビーの試合ができるくらい集まりましたが、それくらい僕の映画は一言で言うと人気がありません。

たとえば、こんなことがありました。僕の映画が上映されるときに人がパラパラとしかいなくて、僕が舞台あいさつをして出てきたら、ドアの外に行列ができていました。「自分の映画を観に来た人を映画館の人が止めていたのかな」と思って映画館の人に言ったら、憮然として、「そんなことはありません。あなたの映画のお客さんが少ないだけで、うちの映画館はちゃんといつもこれくらいたくさん入るんですよ」と言われたりしました。そんなことの積み重ねを生きてきているので、話題になったりお客さんが沢山集まっているのはしゃくに触るわけです。

今回のタイトルが『この世界の片隅に』だけれども「片隅の世界」と書いてあったから、「まあいいや」と思いました。要するに、まさしく僕は確かに「片隅の世界」をずっと撮っているといえばそうで、つまり話題にならないような、「片隅の世界」とはそういうことでしょう。人が皆知らないことや皆が目を向けないようなことだから話題になりません。でも『この世界の片隅に』は、今日びっくりしたけれども皆が観ていました。ですから、やはり話題になっているものと僕のような話題にならない映画をつくっている人を一緒にして、ここで話をするということなのかと思いました。

でも「片隅の世界」というのは確かにそうですし、六畳から八畳くらいの場所を前の映画から数えると二十四年間くらい行って、ただただベッドの脇にいてそれを撮っているだけという映画だけれども、それは他のところへ行って撮影するお金がないからそうしているわけではなくて、確信を持って「ここに世界がある」と思いながら、ずっと撮っているわけです。遠藤を映せば世界が映ると思いながら撮っています。三十五年を記録した『奈緒ちゃん』では僕の姪っ子の家族を撮っていますが、その家族をずっと見ていれば、きっと家族という一番小さな人の集まりのいろいろなことがきちんと見えてくるに違いないと思いながら撮っています。そのようにして、たとえ誰もそのことに注目しなくても、自分はその人をずっと見るようにすることが、多分、それが自分にとっての一番自然で気持ちがよいということです。

多くの人がそのようにして一つの場所や一人の人と一緒に一生生きていくことをしていると思います。仕事でも、例えば学校の先生でもそうでしょうし、役者さんでも、そうやって、五年、十年、二十年、ずっと同じことをしながら、そこから見えてくることが世界だと思って観ていく。テレビや本や新聞に出ていることも世界を知る一つの入口かもしれませんが、むしろ自分の手元や足元に世界はあると思って見ていくというか、生きていくことをずっと皆はしてきたのではないかという気がしています。ですから自分にとってはごく自然な立ち位置のような感じがします。

要するに、自分が目的意識的に「このことを撮らなきゃいけないから撮りに行く」のではなくて、「ただ遠藤に会いに行く」、「ただ奈緒ちゃんに会いに行く」というようなことの繰り返しをやってきたということでしょうか。

何の質問でしたか。

菊地：忘れました（笑）。すみません。

伊勢：僕は学校の先生になろうとしたことが一度だけあったことを、ここに来て思い出しました。教育学部の女の子を好きになって、学校の先生になろうと思ったのですが、ふられてしまいました。それで「学校の先生になんかなるか」と思いました。ですから学校の先生には苦手意識があって、「だから何でもしゃくに触るんだね」と言われました。もし自分がふられなかったら、学校の先生になって教育のことを勉強して、そちら側にいたかもしれません。

菊地：伊勢さんの映画を見ると時間の流れがすごくゆっくりというか、宇宙の時間を生きているというか、不思議な時間感覚に襲われます。自分の身体が忘れていた時間の流れを、「あ、こうだったよね」というのがふっと蘇るときがありますが、それはまんまとはまっている感じでしょうか。

伊勢：でもほとんど自分で考えてやっていないので、時々そういう質問をされたり、海外の映画祭に呼ばれたりすると、終わってすぐに結構ビシビシ質問されます。「あのお月さまはいったい何ですか」と必ず聞かれます。どう答えるかというと、「どう思いますか」と答えます。そうすると、皆、思っていることをきちんと言います。大体、質問する人は自分なりに「こうかな」と思っている感じがあって質問します。

ですから問いがあって答えがあるという、本当に知らないから聞くのではなくて、むしろ自分が知っていて、「こうなんだけれども」という感じです。大体の場合、監督というのは何でも分かっていて何でも自分が思っていることをつくっているものだと思い込んでいるわけですが、僕はそうでもないので、自分で「どうしてだろうな」と思いながら自分がつくっている映画を観ている感じがあります。でも全部分かっているのではないかと思って聞くわけです。自分が聞きたいくらいですから、冗談ではなく、「何だろう、あの月は」と思って自分の映画を観ます。何十回も観ていますが、今日も、「この日にここで観ると、この月はいったいどういうふうに観えるかな」と思って観るのです。

時々言うのですが、映画は窓というよりも鏡だと思います。観ている人がスクリーンに映るのです。それを観ているのです。もちろんドキュメンタリーの場合には、特にジャーナリスティックなドキュメンタリーは、「今、実はこういう戦場がある」、「こういう問題がある」ということを、まさしく窓として見せるようなドキュメンタリーの方が多いわけですが、それでもそこに映っているのは観ている人の鏡、観ている人が鏡としてそれを観ることがドキュメンタリーの面白さであり、ドキュメンタリーを深く味わうとても大きな立ち位置というか、そのようにして観ていると、「どうしてだろう」ということもすごく楽しめるような気がします。

時々夢を見るのですが、今日、僕は「何でだろう」と思うような夢を見ました。多分、「菊地先生や教育の人たちの前でしゃべらなければいけないのかな」と、昨夜少しドキドキしたせいだと思いますが、カフカの小説のような夢でした。何度も何度も同じことが出てくるわけです。同じことが出て少しずつそれが変化して変わっていって、かなり長編の劇映画のような小説でした。でも目が覚めた時に、とてもスカッとしました。大体そういうのを見ると疲れると言うけれども、自分は、ある意味でとても分かりにくいような「いったい何なんだろう」ということをずっと繰り返し見て、目が覚めた時にとてもすっきりした気持ちでした。もちろんそのような映画や小説が自分も好きなこともあるのかもしれません。皆、分からないことに対して恐れを持つことがとても強いと思います。自分もいつも分からないことを考えてスカッとするわけではありませんが、でも、分からないことの持っている、何とも言えない、それこそ鏡としてそれを観ているときの、「自分の身体が生き物としてここにいるのだ」という感じの快感というのでしょうか。

分からせなければいけないということを、教育や報道、ジャーナリストなどが強く意識し過ぎるのは、何かとても違うと思います。分からないことに直面する人にとって、「何だか分からないけれども、分からないほうが気持ちいいな」と思ったり、そのようなことが僕などがやっている映画という伝え方の場合には、ある意味でとても重要だと思っています。自分が分からないことは分からないと、そのまま観てもらうようにして、僕もそれをゆっくり分かろうとする。テクニックとして分からなくさせたりするのではなくて、自分も分からないから、つくったものを一緒に観ていくということです。

ですから、自主製作をして自主上映していくのは、自分にとってはごく自然なことなのだと思います。自主上映をすること自体、借金をきちんと回収していくこともありますが、それ以上に、自分がそうやって映画をつくり、映画を観ていることがまたつくることにつながっていくような、それを繰り返しているのだと思います。ですから今日はぜひ皆さんの中で関心を持たれる方がいたらと思います。『えんとこの歌』は結構よい映画だと思います。この間、アメリカで上映したら、スタンディングオベーションがありました。今日もスタンディングオベーションがあるかなと思いましたが（笑）。

菊地：仕込んでいなくてすみません。

伊勢：これからです。夏に封切りしたばかりで、やっとこれから自主上映を始めようという段階です。

菊地：思い入れのある映画は、もっと観てもらいたくなりませんか。観てもらうために、普通の人はビジネス化していろいろなことをやろうとするでしょう。伊勢さんはあえてしないのですか。

伊勢：見てもらうためのことですか。自分なりにやっているつもりですが、なかなか届きません。話題性などと言われると、どのようにしたら話題性につながるのかと思ったりしますが、そういうのが弱いのだと思います。

確かにそうです。観てもらわないと始まらないわけで、よいも悪いも観てもらうことが大事ですがなかなかです。でも、もう自分が死んだら上映もやめようかと時々言っているのですが、そうしたら、「生きている間だけだから今のうちに観てくれ」となって、皆が行ってくれるかもしれません。でも、映画も、他の本などもそうでしょうし、別にそういうものを残さなくてもそうですが、死んでも命は生きているという感じはあると思います。特に形があると、映画や何かでそれなりの形があると、そのものが自分とは別のものとして生きているような、形がなくても、逆に死んでしまった人へ思い入れのようなことをすごくするではないですか。いない方が、いるときよりもしきりに思うようなことがありませんか。ですから、いなくなったら映画を観てもらえるようになるかもしれません。

何か誰か質問しますか。

Aさん（フロア）：久々に前の『えんとこ』を見た時に、今回はそれで、その前のを見た後で、遠藤さんが、場づくりというか、村づくりに近いようなイメージの何かをしようとされていたと思います。でもそれが止まってしまって、何年ぶりかでこの映画がありました。そしたら若い人が、「僕はそういう村づくりというか集まりの場をつくりたいんです」と言いました。その時の遠藤さんの表情が、本当は遠藤さんがしようとしていたことだったから、私はすごく痛い顔に思えました。あの映像を撮る時は、遠藤さんがそういうことをしようとされていたことを知っていて、あの表情を撮られたのでしょうか。そこで胸が痛んだので聞きたいと思いました。

伊勢：何か確実にそうやってつながっているというか、遠藤の意志を継いで家づくりのようなことをしようという思いを持つやつが遠藤のところから育ってくるということはあります。もちろんあれを見て、皆が皆、遠藤さんのような存在ではないと、障がいのある人の中で非常に特別な、「遠藤さんだから」という方もいます。でも僕はそれでよいと思います。要するに、そういう存在として遠藤がいわばある意味での前衛のようなことで、皆が「それ、ちょっとまねしてみようか」、「そういう家づくりみたいのをやってみるか」となっていくこともとても意味があると思います。

それから、先ほども少し言っていたのですが、学校の先生のなり手がとても少なくなったというような報道を見ると、「大変な仕事だから」、「大変な仕事の上にお金が少ないから」ということらしいですが、一つは、自分の後輩や学生や自分の子どもがそのように言ったときに、「それは違うと思う」とはっきり言ってあげるべきだと思います。「大変な仕事かもしれないけれども、楽な仕事なんかないんだよ」、「大変な仕事かもしれないけれども、きっとこれはおまえに向いているし面白いよ」、「やっているうちに絶対に面白くなるから、もしお金が欲しいのであれば、そうやって頑張ってやっていたら、お金もきちんと稼げるようになるかもしれないよ」と言わないで、逆に大変な仕事のことばかりがどうしてもメディアで流れてしまうことがあります。

もちろん僕もそうで、「ドキュメンタリーはお金にならなくて大変みたいですね」と言われたり、先ほども愚痴のようなことを言いましたが、「なかなか劇映画やアニメーションのように観てもらえないみたいですね」と思われているのを、あまり自分がその話に乗って言い過ぎて、自分も嫌な思いになります。「大変だからやっているんだ」ではなくて、「本当に面白いんだから、やってみるといいよ」と。僕は「劇映画やアニメーションよりも断然面白いと思う」と自分に付いてくれた助手さんなどには言います。大人がそういうことをしっかり言わないといけません。次の世代に自分たちがやってきたことをきちんと渡していかないといけません。

遠藤はそういうことが、皆がそこで二、〇〇〇人卒業していったというのも、卒業生が集まって何かをやっているのではなくて、福祉の仕事だけではなくて、皆それぞれ別の場所でやっているわけです。そういうことの持っている力はそれこそある意味での浮力だと思います。『えんとこの歌』の中で遠藤が海の中で歩くシーンがあります。皆、「とても感動しました」と言います。なぜ遠藤が歩けるかというと、プールではもう歩けない、そのくらい弱くなっていて、二十年前はプールのリハビリで歩けていたけれども、今は歩けません。でもあそこの海だと歩けます。僕もびっくりしましたが、浮力なのです。そのくらい浮力は力があります。見えないけれども力があります。

まさしく社会に浮力があれば、あきらめるのではなくて、あの遠藤の足が一歩でも動くのと同じようにもっといろいろな可能性が僕はあると思います。

自分で撮影して、自分でつくりながらそういうことを意識して撮ったわけではないけれども、あのように映っていることをじっと思うと、やはり僕らが今いる時代や社会が、ただ「あそこへ行こうよ、遠藤さん」と言わなければ、恐らく遠藤はずっと死ぬまで歩くことをしなかったと思います。「あそこに行こうよ」と言って皆で相談してあそこまで連れていったことが、やはり遠藤が歩けることにつながっていくわけです。そのような、いろいろな場面でちょっとしたことを、自分から自分のことをあきらめてしまうことを繰り返しながらずっと僕などもやってきているわけですが、次の人たちに渡していく渡し方は、もちろん戦争など絶対にしてはいけないということも渡さなければいけないと思います。今度の相模原のことも、恐らく今の日本の社会の空気では死刑を求刑してという流れが出てくると思います。でもそんなことを許してはいけないという、死刑などなぜそのようなことを平気で皆が認めているのかということを、もっときちんと言っていかないと、そういう方向にばかり行って、「それはしょうがないんだ」と言って皆が認めているからそうなっていくわけです。何かすごくアジ演説しているようになっていますが。

もっと大きなことだと思うのは、そういう制度や社会的なことを何とかしなければというのと同時に、一人ひとりの内面的なことというか、教育などはそれとものすごく関わることだと思うけれども、本当にそこに自分がやりたいことを見つけていくことを含めて、夢という言葉を使ってしまうとすごく浮いて聞こえるかもしれないけれども、やはり生きていくことの力を次に伝えていきたいとすごく思います。

ですから『えんとこの歌』に限りませんが、自分が映画を観てもらうことをして、ある意味で、僕は僕で、それが浮力になるのであれば、少しでも浮力であり得るのであれば、映画をつくって見せていくことを、それこそ話題にならなくてもよいので、片隅の世界でやっていこうと思います。

菊地：ありがとうございました。最後によい感じでテンションが上がってきたので、また後のミニシンポにつなげていきたいです。

伊勢：今日は教室で初めてやりました。「学校でやったらどうかな」とずっと思っていたのですが、なかなか機会がありませんでした。教室でやったら『えんとこの歌』がどのように映るだろうかと、わが子の授業参観のようなつもりで観ていましたが、よい感じでした。ですから、これから教室で観せていくことも少しやりたいと思っているので、学校の先生がいたら、よろしくお願いします。

「人間する」ことの基盤 〜『プシコ ナウティカ』の世界から

松嶋　健

片隅の身ぶり

こうの史代さんは「片隅」についてこう語っています。[1]「生きていたら、誰しも自分が主人公で、世界の真ん中にいて……みたいに感じがちなんですけど、ふっと心の底で誰かを思い出したりするときに、それは片隅な気がするんです。このことは、誰にも共有できないということ。誰にでも心のなかには、世界の片隅があるんじゃないかと思うんですね。どんなに世界の中心にいるような人でも、みんな世界の片隅に暮らしているように思っているんじゃないか。そんな感覚があるんじゃないかと思いますね」。

「片隅」には、色んな意味合いがあると思いますが、世界の片隅にある知られていない場所というだけではなく、どれほど中心に見えるようなところにもあり、しかもその「片隅」は人とは共有できないようなものでもある、ただその共有されえなさの感覚自体は伝わるはずだというような想いがこめられていると感じます。

そんな『この世界の片隅に』の始まりと終わりには、ある共通の身ぶりが見出されます。「冬の記憶」というタイトルが入った最初のコマは、すずさんが肩に担いだ荷物の風呂敷を、屈んだお母さんが胸のところで結んであげている場面です（図2）。物語のラストのコマでは、広島から呉の家に連れ帰った原爆孤児の女の子のシラミだらけの服を、屈んだすずさんが脱がそうとしています（図3）。すずさんは右手を失っているわけですが、それでも身ぶりとしてはよく似ています。母親がすずにしたように、すずも女の子を気遣っている。このちょっとしたケアの身ぶりの反復を通じて、すずさんがこの孤児の母になっていくことが暗示されています。

図2　こうの史代『この世界の片隅に（上）』双葉社，2008年， 5 頁より

図3　こうの史代『この世界の片隅に（下）』双葉社，2009年，152頁より

このコマでもう一つ興味深いのは、すずと反対側に小姑の径子がいて、「晴美の服じゃ小まいかねえ」と言っていることです。晴美さんは径子の娘で、すずと一緒に歩いているところを爆弾に吹き飛ばされて亡くなってもういない。でも径子は、自分の娘の服が孤児の女の子に合うかどうかと気遣っている。このシーンは、女の子がこの先母親を二人持つことを示唆しています。

ちなみにイタリアには、〝Fillus de anima（魂の子）〟という呼び方があります。「魂の子。一人の女の貧困ともう一人の女の不妊から二度生まれる子どもたちは、こう呼ばれる」(2)。これはサルデーニャ生まれの女性が書いた小説の冒頭ですが、イタリアの特に南部や島嶼部では、二人の母親を持つのは伝統的に普通にあったことです。すずと径子の場合は、貧困と不妊というのとはまた違いますが、かつての日本にも、特に広島では、このような関係性が多くあったはずです。血のつながりではなく、ケアを通した魂のつながりで親子や家族になっていくこと、人類は長いあいだそうしたかたちで集団や社会を紡ぎ上げてきたのではないでしょうか。

人間の社会性とケア

私の専門は文化人類学です。そこでまず人類史的にケアにもとづく関係性について考えてみたいと思います。(3) 生物学的に自分の子どもではない存在をケアすることには、どういう意味があるのでしょうか。

霊長類の中でヒトだけが持つ特徴がいくつかあります。例えばチンパンジーのメスは約五年に一度子どもを産み、単独で子育てをします。授乳は四歳頃まで続くので、その間生理は止まっていて妊娠できません。子どもが五歳になり独り立ちして初めて妊娠することができます。それに対して人間の女性は乳児がいても妊娠できます。これが何を意味するか考えると、ヒトの場合、父親や祖父母、さらには血のつながっていない他人を巻き込み、集団で子どもを育てるという特性が、種レベルで埋め込まれている可能性があるということです。

さらに霊長類学者の松沢哲郎さんによると、仰向けで寝たままじっとしていられるのは、霊長類の中でもヒトの赤ん坊だけの特徴です[4]。チンパンジーの赤ちゃんは、生後三ヶ月間ほぼずっと母親にくっついていますが、反射でしがみついているため、寝かせても仰向けでじっとしていることができず、バタバタもがきます。ニホンザルの場合など、生後すぐでも仰向けに寝かせると起き上がり反射をしてすぐうつ伏せになってしまいます。

つまり、仰向けの状態で安定していられるのはヒトの際立った特徴なのです。それが何を可能にするかというと、母親は子供から離れて他のことができる一方、赤ん坊は一人で仰向けに寝ているので、他の人が覗き込んだりする。そうすると目と目が合うわけです。目が合うのは大型類人猿とヒトだけです。また、母親にしがみついておらず距離があるので、必要なときに音を出して呼ばなければなりません。だから赤ん坊は泣く。夜泣きをするのはヒトの赤ん坊だけの特徴です。それがだんだんと声、つまり言葉によるコミュニケーションに発展していくわけですが、初発の条件は、赤ん坊が仰向けで安定して寝ていられるというところにあります。つまり、ヒトの場合、赤ん坊と母親のあいだに距離ができ、いわば弱く不安定な状態になることで、母親以外の存在が入ってくる余地が生み出されている。そこに人間の社会性を育むコミュニケーションが生まれるのだと考えることができます。

『えんとこの歌』の遠藤さんも仰向けで寝たきりですけれども、そのことで介助の人たちが遠藤さんを覗き込んでいろいろするわけです。遠藤さん自身も映画の中で、自分が寝たきりだというハンデを逆手に取ると言っていましたが、そこからコミュニケーションが生まれ、えんとこのような場所やつながりが生まれていく。でもそれはえんとこだけの特別なことではなく、おそらくホモ・サピエンスである人類にとって、まさに人間であることの基盤になっているようなものだと考えられるのです。

精神病院を廃止したイタリア

私のフィールドはイタリアで、そこでのテーマの一つが「ケアと共同性」です。イタリアは法律で精神病院を全廃した世界で唯一の国で、精神的困難を抱えた人を地域でケアしています。逆に日本は、世界で最も精神病院と精神科病床の数が多い国です。イタリアではどうして精神病院をなくして地域でケアすることが可能になっているのか、そのことについて書いたのが、『プシコ ナウティカ─イタリア精神医療の人類学』[5]です。

「プシコ ナウティカ（Psico-nautica）」というのは、魂の航海（術）という意味です。ちなみに表紙にある〝DA VICINO NESSUNO È NORMALE〟は、イタリア精神保健のモットーで「近づいてみれば誰一人まともな人はいない」というもの。よく観察してみると人は皆どこかしら変で、ノーマルという観念が崩れていき、そこに面白みとともに情のようなものが生まれてくる。

この過程を私は、「アブノーマライゼーション」と呼んでいます。

そのような、よく見るとどこか変てこりんな「人間」を中心に置く、というのがイタリアの精神医療の世界で起こったことです。大きな転回点となったのが一九七八年の法律一八〇号、通称「バザーリア法」です。この法律を契機として全土の公立精神病院が全廃されました。根本となる原則は、本人中心と地域中心です。本人中心とは、何よりもまず病状評価と治療は自発的なものであって本人から始まるのだということです。精神医療の場合、本人は治してほしいと思っていないにもかかわらず、周囲が治したいと思っているケースが多々あり、それで強制医療が行われることになるのですが、それを当り前と考えないということです。

地域中心のほうは、治療やリハビリを病院の外で行うという原則です。日本では、「社会的入院」という言い方をすることで、医学的に入院しなければならない人と区別していますが、イタリアの考え方からすると、そのような区別はなく、いわば全員、社会的入院であって、医学的に正当化されるような入院はないと考えるわけです。症状の重さにかかわらず、すべての人を地域でサポートすべきであり、できないとすればそれは本人のせいではなくサポートする側の問題だと考えるのです。

この法律に対して、当初、家族からは猛反対がありました。「自分たちにすべての負担を押しつけるのか」という反対だったのですが、家族会ともちゃんと話をし、本人と家族を共にサポートするものだということを説明して、実際そのように進めていったわけです。それでも家族会の協力を得て最終的に全国の精神病院が全廃されるのに、法律制定から二十年以上かかりました。

精神病院と強制収容所

法律一八〇号に現れた転回の意味は、それ以前の法律との対比で見なければわかりません。いわゆる近代的な精神病院は、十八世紀末の啓蒙主義の時代に誕生しました。犯罪者などと一緒くたに収容されていた中から医療の対象として区別された人を治療する場所として、ヒューマニズムの精神に基づいて作られたのです。それがだんだんと社会秩序の統制のための装置となっていきます。イタリアが統一されるのは一八六一年で、フランスとオーストリアという強国に挟まれいつ植民地化されるかわからない不安定な状態で、富国強兵政策がとられます。そうした時代状況の中、社会秩序と公衆衛生への関心から、精神病院は医学的かつ社会的な統制の装置として使われ、十九世紀から二十世紀にかけて数が倍増していきます。

一九〇四年に制定された新たな精神医療関連法の冒頭にはこう記されています。「何らかの原因により、精神病に冒され、自己あるいは他人に対して危険であり、公序良俗を乱す者は、精神病院で保護及び治療されなければならない。精神病院以外では、どこでも保護と治療を行わないし、行うことはできない」。ここには強制入院の規定しかなく、入院の要件は社会的危険性と公序良俗の紊乱でした。入院すると選挙権や相続権など市民権を喪失し、入退院は犯罪と同様、司法記録保管所に記録されました。入院期間の規定はなく、よほどのことがないと退院できませんでした。つまり、精神病者を保護し治療すると謳っていますが、実際には精神病者から社会と市民を守るための法律だったわけです。

この法律がファシズム期はもちろんのこと、第二次世界大戦後、イタリアが共和制に変わってもずっと存続していたのです。それが一九六〇年代に入ると、フランコ・バザーリアが登場してきます。ヴェネツィア生まれの彼は、パドヴァ大学医学部に一九四三年に入学しますが、当時ヴェネツィアがドイツ軍とファシスト軍の支配下にあったため、すぐレジスタンスに参加します。結局、密告により逮捕され、終戦までを刑務所で過ごすことになります。戦後はパドヴァ大学病院の神経精神科で助手として、精神医学に現象学を導入した論文を多数書いています。しかし、イタリアの精神医学は生物医学が中心だったので、バザーリアは医学アカデミズムの世界にはいられなくなり、一九六一年にユーゴスラビア国境の町ゴリツィアの県立精神病院長として赴任します。

そこでバザーリアは初めて、精神病院の悲惨な現実を目の当たりにします。病院に足を踏み入れた瞬間、かつての刑務所と同じ匂いがして、ここは刑務所と同じ場所だと感じたと言います。この人たちは本当に「病気」だからここに入院しているのだろうか。自分は精神科医として病人を治療することになっているけれども、刑務所や強制収容所の看守と何が違うのか、そもそも精神医療とは何なのかと、バザーリアは問います。

とりわけ怖ろしかったのは、ここには人は大勢いるのに「人間」がいないことだったと後に語っています。その際バザーリアが言及しているのが、『これは人間か』の一節です[6]。この手記を書いたプリーモ・レーヴィはユダヤ人の化学者・作家で、アウシュヴィッツの強制収容所に送られました。戦後、生還して書いたのがこの手記です。バザーリアが言及しているのは次の一節です。「今、一人の人間のことを想像してもらいたい。愛する人とともに、家、習慣、衣服など、文字どおり持っているものすべてを取り上げられた人間を。それは、苦痛と肉体的必要だけになって、尊厳と認識力を忘れた空っぽの人間だろう。というのも、すべてを失った者は、自分自身をも容易に失ってしまうからである」。

強制収容所において、少数のナチスの人間が大勢のユダヤ人を管理するための技術がありました。その基本は徹底的につながりを切って、「お前はもう誰も頼れない」、「個でしかない」ということを骨の髄までたたき込むことです。バザーリアは精神病院と強制収容所のメカニズムが基本的に同じだと気づきました。精神病院でも同様の管理技術が用いられ、人々を隔離して自由を奪い、関係性や責任を奪い、言葉や歴史を取り上げていたからです。そのような状況に置かれると人は、意志や関心や欲望を失っていき、だんだんと「人間」とは呼べないような何かに変容していく。『これは人間か(Se questo è un uomo)』というレーヴィの反語的な問いは、こうした非人間化の事態を問うています。私たちは自分が人間だということを普段疑わないかもしれませんが、それは自明のことではなく、ある状況に置かれると人間であることは失われてしまう。ナチスによる歴史上かつてなかった壮大な社会実験はこのことを明らかにしたとも言えます。

「人間する」ということ

「人間」というのは英語だとhuman-beingです。それはbeingつまり「存在」ですが、しかしそれは何か本質的な存在として「ある」ものではなくて、becoming「なる」ものであり、さらに言うと、doing「する」ものなのではないでしょうか。いわば、human-doing「人間する」。「人間する」ことで人間になる。逆に言うと、「人間する」関係性や環境が奪われると、人は人間ではなくなってしまうかもしれないということです。

だから、バザーリアがゴリツィアの精神病院で何をしたかというと、端的に「人間する」のを返すことだったと思うのです。それは日常のちょっとしたことからで、例えば私物を返すことなどがそうです。精神病院では入院時に私物や私服は全部取り上げられ、番号で呼ばれていました。そこで私物を返し、ナイトテーブルをベッド脇に設えました。その小さな片隅には、家族の写真や好きな本など、その人の人生の歴史に関わる大事な物たちが置かれるわけです。

また閉鎖病棟を開放し、身体拘束や電気ショックを廃止して、自由に動きまわることができるという生き物にとって基本的なことを返します。さらには声、人間の基盤となる「声」を返した。院内で集会を開き、スタッフも入院患者も皆一緒に集まり、様々なことを話し合ったのです。声を奪われてきた患者たちはそこで自分の人生や願いについて語るよう促されました。何十年も「どうせ話しても聞いてもらえない」という中で過ごしてきた人たちなので、最初は何も出てこなかったのですが、自分の話をきちんと聞いてもらえるという安心感の中でだんだんと、患者もそしてスタッフもそれまで感じることさえ圧し殺していたものを回復していったのです。

このようにして「人間する」場と生活を病院の中につくっていくと、色々な変化が起こりました。バザーリアはその変化についてこう描写しています。「入院患者の姿勢がまるで変わってきたのです。最早、狂人ではなく、私たちと関係をもつことのできる人間になってきた。病人が第一に必要としているのは、病気の治療だけではなくて、他の様々なものだということを私たちは理解しました。治療者との人間的な関係、自身の存在に対する真の応答、そしてお金や家族が必要なのです。つまり、治療する私たち医者にだって必要なすべてのものが病人にも必要なのです。これが私たちの発見でした。病者は単に病者なのではなく、人間としてのあらゆる必要性をもった一人の人間なのです」。

こうしたことを続けていくと今度は、病院の中を「人間する」場にするだけでは不十分だということが明らかになっていきました。精神病院の中だけいくらよくしても、そもそも精神病院があることが問題なのではないかということにバザーリアたちは気がつきます。治さなくてはならないのは「精神病者」なのか。本当に治さなければならないのは社会のほうではないのか。

けれども、社会を治すにはどうすればよいのでしょうか。バザーリアたちが出した答えは、精神病院を廃絶することを通して、というものでした。そもそも精神病院があるのは社会が必要とするからであり、精神科医に権威と権力を与えて「精神病者」とされる人々の管理を任せているわけです。ということはその構造を逆手に取り、精神病院をなくし、精神科医に委ねられていた管理の役割を手放すことで、それまで「壁の向こう」に隔離することで維持されていた正常、健康、規範についての幻想を崩すことになる、その幻想の裂け目に直面させることが社会を治す契機になるというわけです。

ケアする人間

病院中心の精神医療から地域中心の精神保健へというイタリアにおける大転換は、具体的な個々人をケアすることと社会を治すことの両方を同時にやろうという試みです。単にそれまで病院で行っていた医療を地域で行うというのではありません。それは医療と医学をめぐる知と権力の問題でもあります。医学の論理が支配的な場では、医師が専門家として決定を下します。入院すべきかどうか本人ではなく医師が決める。でも地域という生活の場では本人が自らの生の主人公なので本人が決めます。とは言え一人で自己決定するというのではなく、誰かのサポートを得ながら本人が決めていく。例えば薬に関する専門家は医師であるかもしれませんが、ある薬が自分にどんな反応を引き起こすのか、その薬をどれくらい飲むと自分のやりたいことができなくなるのかといったことを判断できるのは本人だけです。だから「人間」を中心に置くというのは、病気と健康に関わる事柄を専門家に委ねるのではなく、自分たちの手に取り戻していくということでもあるのです。

ただそれは、個人に依拠した自己決定ということとも違います。個人として振舞うことを可能にするような制度的なお膳立てはしばしば不可視化されていますが、そのようなものとは異なるかたちで集合的に「人間する」ことを可能にするような場・環境・制度をつくり出していかなければならない。すでにある地域に個人が一人で生きるというのではなく、生活の場でケアしケアされるという関係性を通じて耕され紡がれていくのが「地域」と呼ばれるものの内実です。

だからそれは「地域共生社会」を上から「全体」の方から押しつけるのとも違います。「社会」や「全体」から考えるのではなく、あくまで具体的な個々の人間を中心に据えるのです。「社会」の名の下に特定の集団の利益に資するような政策や制度を拒否し、個々の「人間」を中心に置いた仕組みにすることを基本原理とする。だがこれは簡単なことではない。特に日本のように「世間」を大事にすることが道徳的に是とされているところでは尚更です。ファシズムを経験したイタリアには、日常生活の中でファシズムに抵抗できなかったという悔いがあります。また再び「全体」の名の下に個々の生活が踏みにじられるかもしれない。どうすれば日常生活の中でそれに抵抗する足場をつくっておけるのかという問いがあります。『この世界の片隅に』でも、戦争が自分と関係のないところでどんどん進行していき、いつの間にか否応なくそれに巻き込まれていく様子がすずさんの目を通して描かれています。同時にそこで描かれる日常生活の細部には、いわゆる政治運動とは違うかたちで、どういう抵抗の基盤を私たちが持ちうるのかを問いかける力があると思います。そしてそこに見出されるのが、様々な人や物に対するケアの身ぶりです。

家事や子育てに見られるような様々な物事に対するケアというのは、ケアが賃労働化されることで逆に非生産的だと言われるようになりました。確かに生産性の観点からするとそれは非生産的なものかもしれません。けれども、社会は市場ではありません。等価交換の原理が全面化して、「私はこれだけ生産したのだから、これだけもらって当り前」、「あなたは何も生産していないのだから、もらえないのは当然」というのを公正だと多くの人が思ってしまうのは、社会と市場をほとんど同一のものとみなしているからです。その前提から出発すると、障害者は無用であるという論理に対しても反論することは難しくなるでしょう。

けれども、『えんとこの歌』で描かれているように、ケアを通して「いのち」に触れること、それは「外」を経験することです。「いのち」は純粋な贈与です。それは交換しうるような誰かの所有物ではないということを、ケアは思い起こさせる。私の「いのち」だけれど、私の「いのち」ではない。そのことこそが、私たちの「人間する」ことの基盤を成しているのではないでしょうか。

大切なのは、この「外」があることを、私たちはどのように経験し、伝えるかということ、さらにそれが「人間する」ことの基盤であるなら、そこに基づいた関係性や仕組みをどのようにして築いていくかを共に考えることではないでしょうか。イタリアの経験と『この世界の片隅に』はそのことを私たちに示唆しているのではないかと思います。

注

（1）こうの史代・片渕須直（二〇一九）『こうの史代 片渕須直 対談集 さらにいくつもの映画のこと』文藝春秋

（2）Michela Murgia "Accabadora" Einaudi, 2009

（3）松嶋健（二〇一九）「ケアと共同性――個人主義を超えて」松村圭一郎・中川理・石井美保編『文化人類学の思考法』世界思想社

（4）松沢哲郎（二〇一一）『想像するちから――チンパンジーが教えてくれた人間の心』岩波書店

（5）松嶋健（二〇一四）『プシコ ナウティカ――イタリア精神医療の人類学』世界思想社

（6）プリーモ・レーヴィ／竹山博英訳（二〇一七）『これが人間か』朝日新聞出版

大阪の片隅でつながりを紡ぎ、発信する高校生
〜大阪府立松原高等学校から

平野　智之

「ともに生きる」をめざした学校

昨年（二〇一九年）三月に大阪府立松原高校を卒業した生徒が次のように言っています。

「私はこの三年間で得たことは、いつでも仲間がそばにいるということ、自分をしっかり持つことの大切さです。私はさまざまな行事に積極的に取り組んできました。何でも一人で背負い込んでしまう私でしたが、ふと顔を見上げると、どんなときにも私の周りには仲間がいて支えてくれました。そのとき、もっと仲間に頼ってよいのだと思いました。松高の子らは、仲間の心に寄り添える優しい心の持ち主ばかりです。」

「強い主体」や「競争原理」が語られることの多い現在の教育の世界で、それと違う理屈「仲間とともに学ぶ」という考えで四十六年間やってきたのが松原高校です。

一九七四年に創立、一九九六年に総合学科に改編されました。今は四十六期生が来ているので、ちょうど二十三年前に改編を迎え、歴史の上では普通科が半分で、総合学科が半分となります。

『ともに学ぶ』の原点は四十年前にさかのぼります。松原市内に重度の脳性まひの中学生二人

がいました。二人はいわゆる就学猶予で、ずっと家にいて最初は中学校にも行けませんでした。やっと一九七〇年代に中学校に行くようになって、二人を仲間だと考えた周りの中学生が今度は「一緒に高校に行けないか」と思うようになるのです。しかし、入試があるのでとても厳しいです。タイプライターを使ってどうにか言葉を綴る状況です。でも、それをやりたいと言って、当時の中学三年生が活動を始めます。始まった年がそれが松嶋健先生の『プシコ ナウティカ』の話にあったイタリアで精神障がい者施設の廃止を決めた一九七八年です。

そのころ私は松原から少し離れた地域の高校に通っており、生徒会役員をやっていました。ある日中学生が来て、生徒会室で「高校生の先輩、署名お願いします」と言うので、「何の署名?」と聞いたら、「普通高校で障がい児の仲間と共に学びたい、そのために署名をやってください」と言うので、協力しました。中学生たちは街頭や関係機関を全部回って、二万筆を集めたそうです。その普通高校というのが松原高校で、一九七八年から準高生という、全く学籍は持たないけれども、地元の障がいのある生徒が学校に来るようになりました。これが本校のインクルーシブ教育の始まりであり、僕はいつも「署名二万人のうちの一人です」と言って自慢しています。縁あって、私がそこの校長をしていますが、一九七八年から四十年間ずっとその取り組みが続いています。

大阪府では、知的障がい生徒自立支援コースとして二〇〇六年に制度化されました。今は学年に四人、知的障がいのある生徒が学んでいます。この間、神奈川県でも制度化されているようです。大阪でも希望者が多くて倍率も高く、普通高校で学びたいというのがインクルーシブ教育の実際のニーズではないでしょうか。その取り組みの中で回りの生徒も育ってきたということです。かつてその署名を取っていた仲間は、（今はもちろん署名は要りませんが）「仲間の会」という障がいのある仲間とともに過ごすサークルのような組織を作ってきて、今も続いており、それが松原高校の一番の特徴です。

仲間の会の生徒たちがこのようなことを言っています。「三人（障がいのある生徒）のよいところを見ようとするうちに、他の子のよいところを見ようとするようになった。人のよい部分を見られる力が付いたと思う」「弱い自分がいるから強がっていた。だけど、みんながありのままの自分のことを受け入れてくれるから強がらなくなった。うれしい時は笑え、嫌な時は嫌だと言えばいいと思えるようになった」と。つまり周りの生徒こそが自分を取り戻し、変容するという物語がたくさんあるのです。

「産社」～貧困をテーマに学び合う

一九九六年に総合学科になってからは、多様な選択授業や体験活動、関係性を紡ぐワーク、参加型人権学習などを試みました。

総合学科は在学中の授業の約半数が選択授業であり、国際理解や地域福祉などの五系列のもと、「地球市民入門」「子どもと絵本」「カウンセリング講座」「児童文化研究」「看護講座」など一六〇もの選択授業を開講しています。こうした選択科目の入り口に位置づくのが総合学科の必修授業「産業社会と人間」（以下、「産社」）です。

本校では「産社」のカリキュラムを全て自主編成してきました。前半のポイントは入学当初にまずグループワーク実習などを行った後の六月に行われる「社会体験」です。「国際」「福祉」「街づくり」「ＨＩＶ・エイズ」などの活動をしている団体やＮＰＯを訪問し、半日から一日の活動をさせてもらい、そこで活動している人々の思いや体験を聴く「体験学習」です。その後、夏休みに「サマーワーク」という宿題があり、自分でプランを立て、それぞれの関心に基づき、ボランティア等の何らかの活動をしてレポートを作成し、発表します。

後期の活動では、生徒がグループになって社会的なテーマの解決や提案を行うコンペティション方式の「産社」発表大会を考えました。あるテーマについて解決する企画を生徒がグループで競うのですが、企画のヒントを当事者やＮＰＯを訪問して学び、最終的なその発表の審査もその方々にお願いするという仕組みにしました。

単に学習研究したことを発表するだけでなく現実の解決に役立たせること、何のために、誰に向って伝えるかを重視してきた企画です。社会の最前線で活躍している人に示唆を受けながら、早くから「答えのない問い」に挑戦してきたプログラム「コンペティション」は二十年間継続しており、松原高校らしい学びを代表するものとなっているのです。

三年前ですが、「凸凹（障がい）」、「ジェンダー」などの五つ（表1）でやりたいと学年の先生から提案がありました。

その中で「ライツ（権利）」のジャンルについて詳しくお話しします。本校で活躍されている木村先生がやりたいと言いだしたのですが、何故かというと、生徒たちは経済的に厳しい状況で、

表1

コンペティション2017
テーマ1：「ジェンダーとメディア」
テーマ2：「松原おこし」住みたい町って、どんな町？
テーマ3：「ライツ」
テーマ4：「和の力」日本（和）から世界を結ぶ新しい一歩!!
テーマ5：「凸凹」～障がいのある人を中心に社会の凸凹について～

バイトを人によっては午後十時過ぎくらいまでしていて、それで遅刻したり授業中に寝たりするわけです。それはおかしいだろうという思いで始めたのが「ライツ」ジャンルです。最初は権利のことや労基法のことなどを皆で勉強しながらやったら、ある生徒が先生のところに来て、「先生、昨日バイト先のオーナーに『何でミーティングの時間はお金入っていないんですか』て言いました」、そしたら向こうのオーナーは「分かった、分かった、次から入れるから、ちゃんと来て」となって、「よかったな」と皆が言っていました。

でもその先生はどう思ったかというと、「これは損得に終わっていては駄目だ」と、「もっと世の中の構造に目を向けさせたほうがよい」と思ったわけです。そこからはセーフティーネットの話や生活保護のことなどを取り上げました。

ある日、「生活保護が必要な場合が今の世の中はある」と先生が言った時に、「それって税金やろ？　俺はそんなん頼るのは嫌やわ。そんなんに頼るくらいやったら、死んだほうがましや」とある生徒が発言したのです。先生はドキッとしました。なぜドキッとしたか分かりますか。そのジャンルの中に生活保護受給家庭の生徒がいるわけです。それは私たちも入学時からしっかり把握して、そのことを共有することにしていますから、先生もよく分かっています。木村先生はどうしようと動揺され、「みんなで考えていこう」と言って返すのが精一杯でした。

毎回、授業で振り返りの文章を書かせているのですが、その日、ある生徒がこう書いていました。「私の家も生活保護を受けている。周りとの違いに中学くらいから気づき始めたけれども、その人たちに対する偏見や差別があることは初めて知った」そして「おかしいことをおかしいと言えるようになりたい」という最後の一行を読んで、先生は、「もう一回頑張ろう」と思い、次の時間に「このことをぜひみんなで考えてほしい」と言ったのです。

対話から本当の主体的な学びへ

その後、生徒たちはテーマごとにグループを作って活動を始めました。すると生活保護について、まず「自己責任論」にぶつかりました。ネットを見たらその意見が多く、「本当にそうなのか」と思ってそのグループは河内松原駅という近鉄電車の駅でアンケートを取ろうとなったのです。皆が本当にどう思っているのか、この寒空の中で一〇〇人にアンケートを実施しました。それで一〇〇人に取ったらどうだったと思いますか。やはり四割が自己責任論でした。ネットと同じようなことを言われたそうです。でも六割はそうでもないということでした。

それぞれがこの結果をどう受け止めているのかを知りたいと、もう一度メンバー内での話し合いを行うと、自分の生活状況を打ち明ける生徒が出てきたのです。その仲間の話を聞いて、「それぞれの背景を聞かずに自己責任とひとくくりにするのはおかしい」とグループのメンバーの意識が変化してきました。その後、ケースワーカーを訪ねてお話しをうかがうなど、貧困が社会の問題であり、自分たちも主体的に考える必要があると意欲を高めていきました。

そしていよいよ「コンペティション」の発表の日が来ました。発表した時に、そのミーティングで話し合ったことを二人が話しています。これはビデオを見るとびっくりしますが、語りだけ言います。

「これまでいろいろ自分たちは調べてきたのですが、ここで私が仲間に聞いてもらえた話をします。私の家族は、父、母、姉の四人家族で、周りから見たら普通の家ですが、お父さんは病気で働くことができません。だから私の家も生活保護を受給しています。その中で私はつらい思いをしてきました。欲しいものを欲しいと言えない、それは当たり前だと考えていましたが、友達の家族の話を聞くごとに、私の家は何かが違うと感じるようになり、その違いがつらくて苦しかった」と言っています。

もう一人も話しました。「私も初めて自分の話をみんなに聞いてもらいました。このことをここで言います。私の家も母子家庭で生活保護を受けています」。「車がなくなり」、これは自分の家の車が乗れなくなったということです。「住むところも団地に変わりました。中学生の頃、友達に『ご飯を食べに行こう』などと誘われることがあるようになりました。中学からいろいろ出掛けるようになりました。でもお金がないから行かなかった。次第に自分も友達と同じようにおしゃれなどがしたいという思いが強くなり、ある日、母の財布からお金を抜きました。その時、母から『どうして話してくれなかったの?』と叱られました。でも、当時、私たちを頑張って育てる母に負担を掛けることはできないと思っていたので、母に頼るという選択肢はなかった」と。それを受けて、ある生徒はこう言います。「私は生活保護に対して、自己責任という社会の声に対して、自己責任ではないと言い切ることはできなかった。なぜなら、生活保護を受給する人の中に、自分の行いにより生活困窮している人がいるのではないかと思っていたからです。でも今回当事者として語る仲間の話を聞いて、生活保護を受給しながらの生活がどれほど大変なのかを知り、これは個人の責任ではなく社会全体の問題だと感じるようになりました。私は生活保護を受給する人の背景を知らずして自己責任と決め付けるのは間違いだと気づいた」と。それもこの中で発表しました。

そして最後の結論が、「誰もが自信を持って生きていける社会を実現しなければならない」と書いています。「実現しなければならない」の紙は、その手前、「実現できるか」というのがあったのですが、最後に「しなければならない」と貼りかえて、「自分たちにできること、みんなの食卓をつくる、人と関わる、つながる場所をつくる」と言いました。それは新聞などにも載っています。そして「私たちは本気で子ども食堂を学校につくりたい」と言いました。

本当に発表は素晴らしかった。でも実現は難しいと木村先生は思っていました。けれども生徒の熱が冷めず、地域の子ども食堂へどんどんボランティアやフィールドワークに行きました。ちょうどその時に私が校長で戻ってきました。大阪府に課題早期発見フォローアップ事業という、ＮＰＯとの関係で校内に居場所をつくることによってスクールソーシャルワーカーを学校に呼べるという制度があって、「これでやろう」と言って、ボランティアに行っている子ども食堂のＮ

ＰＯの方（ＮＰＯ法人やんちゃまファミリーwith）に学校に来てもらいました。「この事業を一緒にやりませんか」と言ったら、すぐに良い返事をもらいました。「私たちも高校生と一緒に地域に子ども食堂をつくりたいと思っていた」ということだったのです。

そして二〇一七年七月に「高校生による子ども食堂」が始まりました。月二回のうち一回、月末の月曜日は「松高きっちん」と称して学校で行います。生徒たちで生活がつらい子もいるので一緒にご飯を食べないかと先生方が誘います。その場にスクールソーシャルワーカーの人に来てもらって、「必要があったら話して」としています。先ほど語った子ども食堂を始めた一期生の生徒は今年卒業しましたが、その子たちはいつも弟や妹、甥っ子や姪っ子を連れてきていました。それでご飯を食べます。もう一回は、地域の人権交流センターで第一土曜日に地域の子どもを対象に「みんなの食卓」をやっています。このように月に二回、二種類をやっています。あの子たちが高二の夏からですから、二年を超えています。

第一回のメニューは何だと思いますか。**写真1**を見てください。「おにぎりバイキング」です。ご飯と海苔、卵などが並んでいます。ラップも並んでいて、これをＮＰＯの人と一緒に考えました。

なぜこの第一回おにぎりバイキングをしたか分かりますか。「分かる人？」と先生は当てたくなります。どうぞ。なぜ一回目がおにぎりバイキングだったのでしょうか。これが探究的な問いです（笑）。最後は菊地先生が答えてくれると思いますので、皆さん安心してお答えください。

Ｂ：ご飯が腹いっぱい食べられないからでしょうか。

平野：普段ですか。
B：はい。
平野：それはどのメニューでも同じかもしれません。なぜおにぎりバイキングなのでしょうか。最初はカレーなどになりそうではないですか。どうぞ。
C：自分が何が好きかを意識する。

写真１

平野：自分が何が好きかを意識する？
C：何が好きかを選ぶ。
平野：半分正解です。惜しいです。かなりよいところへ行きました。自分で選ぶ、もうほとんど答えが出ています。誰か分かった人はいますか。では手を上げてください。自分で何でしょうか。
松嶋：自分で握る。
平野：そうです。さすがは先生です。
菊地：やはり文化人類学は違います。
平野：やはり文化人類学を修めている方は違います。教育社会学はどうですか。
菊地：駄目です。
平野：少し細分化され過ぎているからでしょうか。

写真2

菊地：そうです。人類を見ていません（笑）。

平野：自分たちで家に帰って作れるようにしたということです。「お米とこれとやったら、おにぎりができんねんで」と。

毎回メニューも工夫しており、**写真2**はクリスマス会も兼ねました。子どもたちへのプレゼントを生徒たちがしっかり用意しています。NPOの方からは大きなケーキも用意してもらったのです。

このお話の最後に、この取り組みをした生徒は、卒業時にこのように話しています。「正直、高校に入って友達と深く関わろうと思ってなかった。おもんないけど、取りあえず自分のために成績だけはキープしとこって思ってた。でもAが人権学習で自分の立場泣きながら言ってくれた時、なんか分からんけど自分にできることしたいって思った。ほんまにそこからやと思う。そこから全部のことに前向きになった。家のことも誰かに言うとか考えられへんかったけど、今はそういうことも話せる仲間に支えられてるって感じる。だから教師になったら、子ども同士のうわべじゃない、ほんまのつながりを作れる先生になりたい」。

この生徒は、家の状況ももちろん楽でなかったのですが、先生方が奨学金のことなどアドバイスをして、今は関西の大学に行って教育学部で頑張っています。

それぞれ、皆、厳しい状況の中、児童福祉施設で頑張りたいということで、そのような仕事を目指して進学した子もたくさんいます。このように人と関わりながら、弱くあるところをお互いに分かり合いながらやってきたのが、最初の準高生や、一つの市場原理といったことではない学校づくりを地域から始めたことでのつながりの中で、学びとは、本当に探究とは何なのかを考えてきた一つの成果です。そのように関わりや体験、対話の中で、自分の生き方を見つけていく学びが「大阪の片隅に」にあるのです。

何より、そのような場や機会を与えれば、今の状況の中でもしっかりと子どもたちは自分の言葉で動き出してくれると私は確信して、また明日から頑張ろうと思います。

全体討論

菊地　栄治
伊勢　真一
松嶋　健
平野　智之

菊地：はじめにフロアから寄せられた質問にお答えいただきたいと思います。

松嶋：「日本とイタリアの人間は、何が違うがゆえに、現在の両国の精神医療の状況の違いにつながっているのか」というご質問です。例えば、日本に死刑が存在することと精神病院が多いことは関係があるし、麻薬所持をマスコミがたたくことなどもつながっていると思います。イタリアでは麻薬の売買は犯罪ですが、所持は犯罪にはならず、その代わり治療を受けることになります。

遠藤さんの言葉の中に「人に迷惑をかけるのは大事なことだ」とありましたが、日本の場合「人に迷惑をかけてはいけない」という圧力がすごく強い。それは社会的・道徳的に疑いなくよきものだとされ、人間を窒息させているのではないかという気がします。それぞれの人の「片隅の世界」の大事なものよりも、他人に迷惑をかけないことを優先させる訓練を子どもの頃からされてきているのではないでしょうか。

イタリアではバザーリア法と同じ頃に特殊学級を廃止しているので、そもそもいろいろな障がいの子がクラスにいる状況で育ちます。そうすると、面倒はあるけれども、その面倒を通して子どもたちは学びます。例えば、一緒に遊ぶ時にはある種の対等性がないと遊びとして成立しないし、面白くない。じゃあどれくらいのハンデをあげると遊びとして成立するのか、「これくらいだったらちょうどいい」というような繊細な感覚は、試行錯誤しながら身をもって覚えるしかありません。そうした学びの機会を、特別支援学級のような形で組織的に奪われながら頭では「差別はいけない」と言われても、大人になって実際に対峙すると距離の取り方が分からないでしょう。それで思わず避けてしまう。本人は頭では差別していないつもりだけれども、からだでは避けてしまい、まさにそれが差別になるという構造です。

松高ではそのあたりをきちんとやっているようですが、社会全体として今の日本はいのちを窒息させる社会になっている気がします。そんな社会に生きていると調子が悪くなるのは当たり前なのに、それに「〇〇障害」と診断名をつけ医療の対象にして薬を出すという具合に、何重もの悪循環のシステムになっています。ですから、一部だけ手を付けても不十分で、全部をつないでいる論理をきちんと理解して、それとは異なる論理で違う方向に展開するようなことを日常からやっていく必要があると思います。

伊勢：人に迷惑をかけない、嘘をついてはいけない、秘密はいけないと親や先生たちから言われ続けるわけですが違和感を感じます。「違う」と言い切ってもよいくらいです。嘘をつくというのは、嘘をついてはいけないというところで思考停止するのではなくて、必要があって嘘をつくときに、そういうことを生きていくことの中で獲得していくわけではないですか。迷惑をかけてはいけない、嘘をついてはいけない、秘密を持ってはいけないと、学校ではそういうことは言いませんか。

平野：秘密は言いません。あまり高校ではそのような感じでは言いません。

伊勢：嘘はどうですか。

平野：何か大きな出来事では僕も言ったことはあります。ただ普段は言いません。小学校では言うと思います。

伊勢：要するに、その一言でお互いに思考停止になる、言っている方がちょっとした正義のような気分になるわけです。どこまでも考えることを保障していかないと関係は成り立たないでしょう。『えんとこの歌』で遠藤が短歌を詠んで、介助の若い人たちがそれを一生懸命に聴き取ろうとしますが、遠藤は極めて文語的な人間で、文学部出身の文学青年で、片や聴き取ろうとする彼らはミュージシャンであったり、極めて口語的というか、特に短歌のような文語的な表現は分からないわけです。最初にベッドの脇で撮影しながら見ている時に、「完全にすれ違っているな」と思いながら、要するに、少しも分かり合ってはいない、分からないけれども言葉尻だけをきちんと合わせることを繰り返していて、「どうなのだろうな」と思いながらずっと見ていました。考えてみたら分かり合わなければいけないという思い込みが自分の中にすごくあったというか、今でもあるかもしれませんが、分かり合わなくても、分かり合わないからこそ、あんなに近寄るわけです。傍にいて、あんなに近寄って、でもなおかつ分かり合えないのだけれども、とにかく傍にいる。分かり合って「あ、分かったね」と言って離れているのと、どれだけ違うのだろうと思うのです。

後半の方で「紙一重だよね」という話をしますが、「紙一重だよね」と言いながら、もう一人の介助の人が「案外、紙一重は厚いんだよね、紙が一枚だけれども」と言います。紙が一枚だけれども厚いと言うのも、ただ何もしない、関わらない関係だったら、やはり紙一重は紙一重です。でもああやって分かり合わないけれども、ずっと近くで紙一重という思いを抱えながらいる間に紙が厚くなっていくことを彼は言っているのだと思います。ですから、「紙一重だけれども、ちょっと一枚、厚くなるんだよね」というのと、その後に発言している「寄り添うんじゃなくて寄り合うんだよ」というのとは、つながっていると思います。

それも「人間する」（human-doing）という、つまり人間し合うという関係をあそこでやっている、現在進行形でいつもそういう関係をやっているときに初めてそういうことが、ただ黙っていて観念的にそれが分かるということではないし、分からなくても、すれ違ってもよいから、doing していくということだと思います。

菊地：松嶋さんが言ったイタリアの「近づいてみれば誰一人まともな人はいない」というのを今の話と絡めていくと、近付いていないから、そもそもまともな人がいないかどうかさえもわれわれは分からない。そこさえもすっ飛ばしているのかもしれません。ですから今の「寄り合う」という話はすごくピンと来ました。松高の体育祭などの話を少しお願いできますか。

平野：体育祭などでも障がいのある子がいるので一緒にどうできるのか皆でいろいろ考えますが、

普段もやっています。ちょうど質問の中に、聴覚障がいのある方から、盲ろうの方にはインクルーシブな普通高校や普通学級に抵抗のある人が多いというご質問がありました。本校では二年生に聴覚に障がいがありほぼ聞こえのない生徒がいます。修学旅行先で有志がソーラン節を踊るのですが、その生徒も踊ることになり猛練習をしました。本番でリーダーの女の子が皆に「みんな、いつも声援をいっぱいくれるからうれしいけれども、今回は最初の声援は絶対にやめて」とアピールしました。聴覚障がいの仲間がいるので、補聴器は付けているけれども雑音があるとスタートの音楽が分からないのです。それは一か月、二か月一緒に練習してきた中でこそ初めて言えることで、本当に近付いてというか、関わり合って分かる言葉を、全員の前でしっかり話せています。

それから、子ども食堂が行政から居場所として担わされている状況や、中心の世界とはどのようなことかというのがあります。公立学校は行政でもあります。全て自由にできるわけではないし、私もストレスがたくさんありますが、今日紹介した子どもたちの言葉や、それこそ『この世界の片隅に』の映画の中でなぜ丁寧に描いているかという、その丁寧さというのは、僕ら現場が一番知っているわけです。どんな子どもたちがどのように生きているのか、どのように学んでいるのか、いろいろな政策などに対してそれをもって対峙していくしかない。でないと世界は変わりません。ですから子ども食堂も、私が教育委員会に申請し資金が認められました。大人が中心の世界との関係を担いながら子どもたちの力によってよりよく変換していくことが、各地域や現場の責任でできるのではないかと思っています。

菊地：松原の生徒たちを見ていると、若い人たちはすごいと思います。一方で質問が来ていて、大人の多世代の生涯学習の運営をされている方から、それぞれの世代の抱える問題をお互いに理解し合えない関係や、なかなか課題が見つからない、何が課題なのかピンと来ない場ではどのようにすればよいと思いますか。

平野：先ほど伊勢さんも先生という仕事の魅力を語られていて、今はブラックな仕事だと言われています。そうした中で、今年も初任の先生が三人いて、「しっかり子どもの声を聴いて、子どもと向き合って、すぐに答えは出ないけれども…」と、周りの先生も言ってくれます。その中で、自分が変容しないと子どもの声が聴き取れないことが分かりません。今までの枠組みだけで「こうしたら駄目だ」、「ルールはこうだ」というだけでやりがちです。「必ず背景を見て」と僕は言います。つまり『この世界の片隅に』で描かれている細かな世界です。「それが子どもたちは絶対あるのだから見てほしい」と必ず言います。

子ども食堂を始めた時、一年生で一番頑張っていた子が最初すごく悩んでいて全然できませんでした。自分がバイトをして学校に行くお金を貯めたいけれども、バイトをしたら生活保護を切られるので、とても悩んでいてやる気がなくなってしまった。そんなときに、担任の先生が何で急にそうなったのかと思って聴いたらそうだったことが分かりました。早速スクールソーシャルワーカーから区役所の人に電話してもらって、区役所の人に「その場合はどうなんですか」と、「いや、ここまだったらできる」というようなことをその子と一緒に先生が区役所に行って直接その話を聴きました。そのことでやっとあの発表の一員として最後まで頑張りました。もしバイトして学費を貯めたいけれどもそれが無理だというままにしていたら、あの子は発表の場にいなかったかも分かりません。それを懇談の後の時にちらっと声を聴けた先生はとても素敵だと思います。本当にまだ若い先生ですが、本当にずっと（生徒と）一緒にいます。一緒にいるうちに伝わってくる、『えんとこ』ではないけれども、すぐに聴けなくても伝わってくると僕は思っています。そのような時間と場所を保障していかなければいけないと思います。

伊勢：「『えんとこの歌』は監督ではなく演出になっていたと思いますが、監督としない訳がありますか」という質問がありました。時々これも聞かれますが、監督という字があまり好きではないのが一番大きいかもしれません。字が好きではない、字が苦手だったり、その字になると思い出せなかったりしませんか。「演出」と書くと、皆、「あれ？　伊勢さんはドキュメンタリーだけれども演技を出しているのですか」と言いますが、その時はとぼけて、「さんずいが付いている字は好きだな」と言ったりします。ですからあまりこだわっていません。自分で監督と書くときは「かんとく」と平仮名で書いています。時々、「先生」と呼ばれたりしますが、僕は「先生」は苦手です。皆さんは「先生」とずっと呼ばれているでしょう？

松嶋：昨日は歌舞伎町の近くのホテルに泊まりましたが、「先生、先生」と声をかけられ、基本的におちょくられていると感じました。「先生」といっても「先に生まれた」というだけのことですから。

伊勢：何か「先生」と呼ばれるとびっくりします。「監督」も仲間内ではそんなに呼びません。あともう一つ質問が書いてあります。「『えんとこの歌』は素晴らしい映画でした。作中に短歌が紹介されていますが、映像があって短歌を選ぶのか、短歌があって映像を演出されるのか、どちらでしょうか。また、朗読される短歌と、文字情報のみがある短歌がありますが、何か訳があるのですか。」編集は編集で画《え》の整理でずっとつなげていくので、あまり編集自体もそんなにロジカルに考えているわけではないのです。ただ、時間をかけて編集している間に、よく山登りに例えますが、八合目や九合目の頂上近くになってくると、もう降りてくるのをただつないでいるだけです。映画の神様がきちんと教えてくれるままです。そこまで我慢して画《え》とにらめっこしていたらきっと降りてくると信じてずっとやってきて、今までは降りてきましたがこの後また降りてくるかどうかは分かりません。映像で編集して、それこそ生理的に「ここに何か言葉があるといいだろうね」と思うときに、それが文字であったり音であったりします。ナレーションなども使いますが、使わないときもあります。むしろ音のように感じるような、今回は友部という僕の友人のミュージシャンに頼みましたが、やはり友部の声が好きだから、友部の声が遠藤の短歌を読むととても気持ちがよいだろうと思いました。実は英語版もつくりましたが、英語版も、字幕は入れますけれども、そのまま友部の声を使いました。ですから、僕は映画を何かそういうものではないかと思っているというか生理的な感じというか、それが何となく伝わっていけば、そこから先は観る人がいろいろなことを思い描いていくということだと思います。

松嶋：先ほど、演出の「演」という字がさんずいで、さんずいが好きだとおっしゃっていましたが、映画を見ていて、水に関連する音がとても印象的でした。遠藤さんがコーヒーを飲むときの音、咀嚼や排せつの音も含めて、何かが流れている音が私にはとても印象的でした。そのあたりは今回意識されていたのでしょうか。

伊勢：先ほど午前中に「宇宙的だ」と言ってくれましたが、それこそ理屈で考えている訳ではありませんが、そのようなことがあって初めて遠藤と彼らが一緒にいるわけです。

ドキュメンタリーの多くの方の場合はそういうことはなるべくしない、極端なことを言うと音楽は使うべきではないという考えの人もいて、それはそれで一つの考えだと思います。でも僕は何かそのときに自分が聞こえてくる音を映画として伝えたいので、そういう意味でいえば、それこそ一人ひとりに演技を出しているわけではないけれども、ドキュメンタリーというフィクションをつくっているという感じなのでしょう。ですから、水のことや何かは、今おっしゃったように、見る人がそれこそ思い描いていく領域なのではないかと思っています。

松嶋：映画の中に何度か月が出てくるのは、体内の液体との満ち引きの感応というか、そういうリズムを暗示しているのかもしれないと、観ながら感じました。遠藤さんのように、いわばいのちがむき出しになった状態で生きていると、月のリズムに感応してくるのではないでしょうか。私たちは明治の改暦の前までは太陽太陰暦を使っていましたから、ある意味、自然のリズムと呼応した生活をしていたと思いますが、今ではそれが切られていると思います。そこが切れているから、身体のリズムがおかしくなり、不安になって、いろいろ情報を探すことで、ますます混乱して不安になり、それに対して病気として薬を投与されることで、さらにおかしくなるというような状況に置かれていると思います。そういうことが全部つながっているのだなあと思いながら観ていました。

伊勢：ですから、どのように観てもらってもよいのが前提ですが、ひとつ言えるのは、どうしても、例えば今の福祉の現状や障がい者の現状といった、いわゆるある意味でのジャーナリスティックな感じでだけでつかまえられてしまうときに、やはり違和感を感じます。今言ってくれたように、そのように映像として観ながら、なおかつ、もちろん現実の福祉の状態や障がい者のことなどを考えるという。「映画だからね」、「映像だからね」と時々言うのは、むしろ逆にハンディキャップがあって弱い存在であることが、先ほどの doing と being と、あと一つは何でしたか。

松嶋：becoming です。

伊勢：becoming ですか。やはりそのようなことが全て、『えんとこの歌』の中に掘っていく奥行きがあるはずですし、それでずっと見続けてつくっているということです。

例えば新聞記者の方が取材しに来たりすると、傾向としては最初から自分で書く原稿が大体固まっているようで、聞いて、実際に期待に応えてそういう話をすると、「ああ、そうですか」と書いて、そういうことだけ載っていくような、「映画、観ていたのかな」ということが時々あります。いろいろな見方があってよいのですが、先ほど紹介してくれたような、極めて本質的な、人間が being であったり、doing であったり、becoming であったりということの、人間という存在を見ていくときに、そのように見ていくことがとても映画的だと思います。もちろん文学でも音楽でもそういうことがあるでしょうけれども、映画の持っている奥行きのようなものを充分に見ていくと、「人間って、いったい何なんだろう」、あるいは、「健常である、障がいがあるというのは、いったい何を言っているのだろう」と、先ほどの仰向けの話などは本当にうまくできているると思いましたが、そのようなところまで全て見ながら想像してもらえるようになっていくとよいと思っています。

菊地：もっと話し続けていたいのですが、時間が来ました。司会の不手際で質問票の全てにお答えできなくて申し訳ありません。一応、企画の趣旨等々を踏まえたときに、人間とは何か、私たちが幾層にもなる人間存在の見えない部分や分からない部分をもう少し丁寧に、そして浮力のある社会を皆でその場その場でつくっていければよいと、ある意味、すごく元気の出る講演会であったと自画自賛したいと思います（笑）。本日は、ありがとうございました。

「早稲田教育ブックレット」№.23刊行に寄せて

佐藤　隆之

「早稲田教育ブックレット」No.23は、ちょうど第三十回の区切りを迎えた教育最前線講演会「『世界の片隅』からつむがれる教育と研究」（二〇一九年十二月八日開催）の内容をもとに編まれたものです。映画やドラマにもなったあの有名な『この世界の片隅に』の一部を含むタイトルから、どのような講演会が想像されるでしょうか。多様な解釈を許容するところに、本講演会の独自性がよく表れているように思います。

教育という営為を、生身の人間が織りなす実践レベルでとらえようとしたとき、どこまで合理的、客観的に論じ、答えを導き出すことができるのか。このような古くからある疑問には頓着せず、エビデンス・ベースド、教育の経済学、アカウンタビリティ、テスト主義などを前面に打ち出した教育論や教育改革が昨今、目につくように思います。そうしたアプローチ、研究、概念、改革が重要視される理由はあるにせよ、それに違和感を覚える方もいるでしょう、このブックレットは、あえていうなら、そのような違和感に忠実であろうとする試みとおさえられるでしょう。もっともこれも、「『世界の片隅』からつむがれる教育と研究」に触発された、一つの個人的な解釈にすぎないのですが。どのような講演であったのか、その答えはブックレットをお読みいただくとして、「世界の片隅」で生きる一人ひとりの存在や声に耳を傾けるところから、教育とは何か、教育を研究するとは何かを共に考える機会を本書が与えてくれることは間違いないように思います。

このような企画を実現することができたのは、講演会のコーディネーターを務めて下さり、企画立案、登壇者の選定と調整、広報に至るまでご尽力下さった菊地栄治教授のおかげです。ご登壇いただいた先生方、編集・刊行の実務を担って下さった方々にも、心よりお礼申し上げます。

（早稲田大学教育総合研究所　副所長）

著者略歴（2020年３月現在）

菊地　栄治（きくち　えいじ）
愛媛県生まれ。国立教育政策研究所を経て、現在、早稲田大学教育・総合科学学術院教授。専門は教育社会学・教育経営学。著書に『希望をつむぐ高校』、『学校のポリティクス（共著）』（いずれも岩波書店）、『持続可能な教育社会をつくる（共編著）』（せせらぎ出版）などがある。人間と社会の「限界性」を軸に据えつつ人々の相互的主体変容を起動させる〈多元的生成モデル〉というもうひとつの物語を理論化し、当事者とともに具体的な場づくりを試みている。

伊勢　真一（いせ　しんいち）
東京都出身。ドキュメンタリー映像作家。大学卒業後、いくつかの職業を経験した後映像の世界に入る。一九九五年、重度の障害をもつ少女の十二年間を追った作品『奈緒ちゃん』で毎日映画コンクール記録映画賞グランプリを受賞。これまでに『えんとこ』（99）、『ぴぐれっと』（02）、『朋あり。太鼓奏者 林英哲』（04）、『大丈夫。―小児科医・細谷亮太のコトバ』（11）、『やさしくなあに―奈緒ちゃんと家族の35年』（17）、『えんとこの歌―寝たきり歌人・遠藤滋』（19）などを発表。近年はプロデューサーとして若手の作品支援にも取り組んでいる。

松嶋　健（まつしま　たけし）
大阪府生まれ。京都大学人文科学研究所、国立民族学博物館などを経て、現在、広島大学大学院社会科学研究科准教授。専門は文化人類学・医療人類学。著書に『プシコ　ナウティカ――イタリア精神医療の人類学』（世界思想社）、『トラウマを生きる』『トラウマを共有する』（いずれも共編著、京都大学学術出版会）、『文化人類学の思考法』『身体化の人類学』（いずれも共著、世界思想社）などがある。人間だけからなる近代の社会性ではなく、自然を含み込んだ社会性についての研究に取り組んでいる。

平野　智之（ひらの　ともゆき）
大阪府生まれ。大阪府立松原高等学校教員等を経て、現在、同校校長。現場教員の時期に人権教育・同和教育に取り組む。九十年代半ばの同校の総合学科改編を機に、参加型学習のカリキュラムやピア・エデュケーションによるエイズ教育を実践し、対話による学習者の変容に関心を持ってきた。その当時から菊地栄治先生とは学校改革の助言者として親交を深めている。